錯得好

成功是一種選擇，但不是選擇走哪條路，而是選擇是否起步。
當你切實行動一刻，你就開始踏上成功之路。

黎鴻昇　著

作者序

人人都想成功！這本小書卻告訴你：就算失敗，也非壞事；錯了，也錯得好！弔詭之處，當你找到和懂得當中的意義時，其實你仍在成功路上。事實上，成功是一種選擇，但不是選擇走哪條路，而是選擇是否起步，當你切實行動一刻，你就開始踏上成功之路。

這本書會帶你從一個鮮有人去注視的角度去探討

成功，我予你分享的成功，不在於滿足你的虛榮心，卻會為你譜出一個更豐盛和有意義的生命！也許，這裡的論點會顛覆了你一直以來所接受的社教和想法，但卻同時為你帶來煥然一新的感覺，給你勇氣和希望去面對自己的成長！我不會跟你說甚麼大道理，卻透過淺白的故事，邀請你一起參與這個成功之旅。

黎鴻昇
二零二一年九月二十九日

推薦序（一）

　　在這個病態、價值扭曲、功利主義、成功主義，金錢掛帥的世代，作者亞昇的小書仿如沙漠中的清泉甘霖，你可以不用個多小時讀畢，從中得到很深啟發鼓舞！但若能細味沉澱細讀，可得花更多時間，定必深感獲益良多！

　　此小書可讓你管窺一位三十多年資深社工、一個

好兒子、一個好丈夫、一個好爸爸、一位好弟兄的人生成長和反思，是亞昇融會貫通所讀所思的精華，正如他所說，是「我手寫我心」，其實，也是他所活！一位平凡樸實無華的男人，卻又短短幾年間讀完碩士、博士學位，出版第二本書，活出夢想，活得開心！

若你覺得平凡，又想活出夢想，活得開心，我誠意推薦此小書給你！作為認識了亞昇近 30 年的牧者，我見證他所活所寫，他用心真誠分享生命，讀此小品，無論你甚麼年紀，你都仿如有一位親切真誠的良伴在左在右，與你同行人生，給你啟發和鼓勵！你也可以活出夢想！我反覆捧讀，誠意樂為序！

李海平牧師
基督教中華宣道會上水堂堂主任
二零二一年九月

推薦序（二）

　　亞昇不單是我工作上的合作夥伴，也是信仰歷程的同路人，每次聽他分享個人經驗時，都感受到他對生命、工作、信仰及關懷別人的熱誠，在閱讀《錯得好》時，我再次聆聽到亞昇的真情對話，他在文中不斷鼓勵讀者勇於面對生活的挑戰，努力追尋自己的夢想，培養個人的品格，整體來說，《錯得好》是一本

名符其實的「心靈雞湯」作品。

　　亞昇從心理學理論及個人經驗，分享他對成敗經驗的反思及看法，較為印象深刻的，是他提到成就不等於幸福，因為擁有別人艷羨及符合社會客觀標準的成就，並不一定會帶來持續的幸福感，唯有透過努力實踐個人價值，發揮個人興趣專長帶來的成功，才能讓人易於找到工作及生命的意義。

　　一般人對犯錯都偏向認為是不好的，因為任何的犯錯，往往反映能力的不足及性格的弱點，似乎「失敗乃成功之母」的道理不容易實踐，但我認同亞昇對《錯得好》現象的分析，任何挫折及失敗的經驗，都是良好心理素質的試金石，熱誠、韌力及好奇心的素質，都是在面對挫敗過程中磨練出來的，所謂患難見

真情，有深度的人際關係，無論是親子、師生、同輩或手足，同樣是因犯錯帶來的困難孕育出來的，因此只要我們能把握「錯」的成長契機，克服對犯錯的恐懼，堅守個人的價值觀，最終我們能享受「錯」帶來的好處。

我誠意推薦《錯得好》給所有願意接受生命挑戰的人，願它成為讀者的「心靈雞湯」及邁向「幸福至善」的導航手冊。

羅澤全
臨床心理學家
二零二一年九月

目錄

善良誠實的品格，

正是待人處世的金鑰。

只要你拿出來用，

成功之門就會打開。

第一章
寫在成功前

　　有次看韓劇，有這一幕：一個老伯推著的手推車突然甩手，手推車向前滑行，撞著一輛房車，房車的泵把給撞花了，老伯不知所措，一位路過的男子見狀上前安撫老伯，請他放心離去，老伯離開後，男子自然要承擔事件的責任，他寫了一張字條，夾放在車前擋風玻璃的雨撥上，請車主聯絡他安排賠償……

　　如果那個男子不介入事件，又或開解老伯後便一走了之，車主根本無從追究。然而，他選擇介入，又選擇賠償，這就是個人品格的一種體現。雖然這只不過是編劇在劇集中塑造出來的一幕情節，但讓我見到人內心深處仍存留著一絲絲真摯而美善的良知。

　　品格是每一個成功人士的先決條件。一個所謂「成功」的人，縱使他如何富貴、如何風光，若缺乏品格，都不會得到別人真正的尊重，他自然也不會有真正的滿足和快樂。風光是人的外貌，品格才是人的內涵；有外貌而沒有內涵的人，可給別人一時的注意，卻未必得到真正的尊重。

　　我不曉儒家道學的修養，也不通四書五經的哲理，我說的品格，就是連小孩子也懂得的「善良」

（Kindness）和「誠實」（Honest）而已。

　　善良誠實的人仁慈正直，他們都有一種令人難以抗拒的魅力，會帶給別人一份溫暖和安全感。因此，心懷善良，堅持誠實的人通常都會獲得別人的信任、尊重、親近和愛戴。事實上，善良誠實的品格正是待人處世的金鑰！我相信，這金鑰早已內藏於每一個人的心裡，只要你拿出來用，成功之門就會打開。

#02

成功，不是力爭而來的個人榮耀與福祉，而是享受奮鬥過程中帶來的喜樂和意義。

"

第二章
成功背後

有一次主日崇拜聽道，講論主耶穌「登山寶訓」的八福，奇怪的是我們一直理解的福氣，竟然與主耶穌所講的福氣大相逕庭。我們追求的是個人的榮華富貴、步步高升、健康長壽；殊不知主耶穌反倒說：「貧窮的人有福了，因為神的國是你們的。」（路加福音六章 20 節）主耶穌捨棄天上的榮華富貴，道成肉身，

飽受凌辱，且捨身十字架上！究竟，這不斷向下流動的生命給我們這些不惜一切向上爬的生命，有甚麼啟示？

我這裡定義的成功，不是力爭而來的個人榮耀與福祉，**而是享受奮鬥過程中帶來的喜樂和意義**，包括：個人生命成長；生命影響生命；神得著榮耀！

個人生命成長

個人成長是一個歷程，由不知道到知道，不明白到明白，不能夠到能夠，不熟練到熟練 …… 小孩子學走路就是一個很好的例子，學走路是不會一蹴即就的，而是經過數百次的跌倒、起來，再跌倒、再起來，從跌跌撞撞中學會的，沒有這個過程，孩子就不會成長。

然而，過程中給孩子的成長，卻不只學會了走路，還練就了他的肌肉、平衡、膽量、信心、視野 …… 這些「附帶」的成長，一生受用，往往比單一目標的完成更為重要和可貴。

然而，我說「由不知道到知道，不明白到明白，不能夠到能夠，不熟練到熟練 ……」是一個歷程，但請不要誤解，以為去到了「知道、明白、能夠、熟練 ……」的地步就已經是到達了終點，事實上，這仍然是一個歷程，因為當你到達這些階段之後，還會繼續成長，繼續有新的體驗，新的領會，新的得著 ……。

生命影響生命

現在人人都會說「生命影響生命」，說多了，反

而有點濫！其實「生命影響生命」只是說明一個事實，就好似說「近朱者赤，近墨者黑」一樣真實。若剖開來看，「生命影響生命」亦即是「怎麼樣的生命若發揮影響作用時，就會造成另一個怎麼樣的生命」！是朱是墨，是赤是黑，就取決於這是一個怎麼樣的生命。當然，這裡所說的，是「成功」的生命，而「成功」的生命，就是一個有感染力的生命，將意義和色彩帶給別人的生命！

　　成功的生命不一定是完美的生命，事實上，我們沒有必要追求一個「完美」的人生，但我們可以經歷一個「完整」的人生。一個完整的人生，包含了起起跌跌、對對錯錯、成功失敗、喜怒哀樂、悲歡離合。正因為有這些起伏的節奏，人生的樂章才壯麗精彩，

生命的旋律才美妙動人。

　　一個媽媽帶著兒子上市場買菜，經過餅店，兒子注視著櫥窗內一個生日蛋糕，媽媽知道兒子渴望有一個生日蛋糕為他慶祝生日，卻因生活捉襟見肘，實在花不起錢買一個生日蛋糕，於是無奈地對兒子坦白，當孩子失望地拖著媽媽的手離開餅店時，一位素未謀面的男子卻買下那個蛋糕，上前遞給孩子，說：「送給你的，生日快樂！」媽媽十分詫異，帶著歉意婉拒，男子堅持，媽媽於是收下來，她請男子寫下聯絡電話，他日有錢就會償還 …… 輾轉年間，孩子長大了，一天他經過餅店，見到一個婆婆拖著孫女在櫥窗前躊躇，孫女很想買一個生日蛋糕給爺爺慶祝生日，婆婆為難地對孫女說：「我們不夠錢買這個蛋糕。」那個已經

長大了的孩子看著就想起昔日別人送贈蛋糕給自己的情境，於是二話不說就買下那個蛋糕送給女孩，婆婆婉拒，他堅持，於是婆婆就請他寫下電話，表示他日有錢就會償還。孫女回家後給爺爺送上生日蛋糕，爺爺問婆婆為何那麼花費，她就說出事情的經過，孫女連忙遞上那位男子的電話紙條，爺爺打開，赫然發覺上面寫著的，竟是當年自己送了一個蛋糕給一個孩子時寫下的字句：「一個簡單的關愛行動會產生無盡的漣漪！」

　　故事中的兩個男子都沒有留下自己的名字，留下的卻是他們所做的小小行動。長大了的那個孩子稱呼自己是「一個在排隊的人」，代表著人與人之間的一點點關愛就這樣繼續傳遞下去，這豈不是「生命影響

生命」的最佳演繹嗎？

神得著榮耀

　　聖經中有這樣一段說話：「神的事情人所能知道的，原顯明在人心裡，因為神已經給他們顯明。自從造天地以來，神的永能和神性是明明可知的，雖是眼不能見，但藉著所造之物就可以曉得，叫人無可推諉。因為他們雖然知道神，卻不當神榮耀祂，也不感謝祂，他們的思念變為虛妄，無知的心就昏暗了。」（羅馬書 一章 19-21 節）

　　無論你信不信神，祂都存在，因為「藉著所造之物就可以曉得，叫人無可推諉」。神既存在，我們的生活存留，就不再漫無目標，更不可任意妄為。滿有

美善、大愛、權能的神尊重祂所創造的人類，也希望
我們同樣尊重祂，愛祂，並活在祂的美意當中。

　　活在神的美意當中，就是榮耀神。祂在聖經裡應
許：「凡求的，就得著；尋找的，就尋見；叩門的，
就給他開門。」（路加福音 十一章9-10節）回應神
的邀請，我們就能與祂相遇，與祂相遇，你就有一個
不一樣的生命，因為祂說：「我來了，是要叫人得生命，
並且得的更豐盛。」（約翰福音 十章10節） 因此，
一個真心誠意跟隨神的人，是會得到神的眷顧和祝福，
在神引領下所走的路，穩妥而平安，是最聰明，最有
智慧，最「成功」的選擇。

　　總括而言，成功背後隱藏的意思不是一個單一的
我，而是由己，到人，及神。

#03

寬容大道一點，不將焦點單單投射在對方的犯錯當中，反而多去肯定他的付出，鼓勵他持續學習。

"

第三章
失敗乃成功之母

常言道：失敗乃成功之母，這句小孩子都懂唸的說話，通常用以鼓勵遭受挫折的人，實際上卻未必太受歡迎，因為它更似給失敗者的一句安慰語！

打從在功課簿上收到第一個紅色大乂開始，我們自小就被教導不可做錯、要逃避失敗！不是嗎？犯錯，就會惹來老師的批評、父母的責罵、同學的譏笑、上

司的責難 ……；錯誤，標誌著無能、失敗、羞辱、丟臉 ……，試問這些懲罰，誰能承受得起？我們就是一直在這種容不下錯誤和失敗的陰霾下生活和成長。

其實「失敗乃成功之母」不單是一句鼓勵說話，更不只是一句安慰語而已，它是一個事實的描述，如假包換！從來人的成功不會一蹴即就，而是往往需要經過一次又一次的錯誤和失敗，從中體會、學習，並吸取經驗，不斷改進，精益求精，個人在過程中漸漸茁壯成長，不斷為自己累積更多成功的條件。畢竟，聖人都有錯，何況我們這些凡夫俗子呢！說白一點，「錯」與「失敗」根本就是人生的一部份，不用大驚小怪，小題大做。這裡，我並非鼓勵錯誤，亦無意抬舉失敗，只希望你可以不怕挫折，無懼挑戰，勇於嘗

試；把謾罵和譏諷等閒視之，將錯誤和失敗視為你高飛的翅膀！

　　若你懂得以這個角度看對錯成敗，你的心胸就會變得更加廣闊，更加開懷。下一步，我希望你能成為一個如此影響他人的生命，對你的父母、你的伴侶、你的子女、你的朋友、你的同事、你的下屬、你的後輩⋯⋯，寬容大道一點，不將焦點單單投射在對方的犯錯當中，反而多去肯定他的付出，欣賞他的創意，支持他勇敢嘗試，鼓勵他持續學習。我多麼期望這種正向的氛圍能夠擴張及延續下去，如此一來，相信我們的下一代會重新體會學習的樂趣，且會重拾自信，重燃希望。

#04

全世界都用同一樣的方式追逐成就的時候，他要求學生嘗試站在檯面上看事物，去觀賞和感受一個不一樣的世界。

"

**第四章
成功與成就**

Robin Williams（1951-2014）的代表作《暴雨驕陽》（Dead Poets Society）講述一個開明的老師 Keating 於一所嚴謹保守的貴族預科學校任教,他一反傳統的教學模式,鼓勵學生獨立思考,追尋自我,欣賞生命,擴闊視野,實現夢想。當全世界都用同一樣的方式追逐成就的時候,他要求學生嘗試站在檯面

上看事物，去觀賞和感受一個不一樣的世界。然而，Keating 的熱情無法動搖這座牢固的冰山，最後他被一個學生出賣，結果被學校無情地解僱。不過故事並未就此結束，來到最後一幕，當校長催促 Keating 執拾細軟離開課室一刻，突然那個一直都表現怯懦的學生 Anderson 徐徐踏上檯面，用堅定的眼神望著這位啟蒙老師，校長震怒，警告 Anderson 不立即下來就要開除他，怎料這時第二個學生又踏上檯面，接著第三個，第四個，如是者有半班學生滴著汗珠、鼓起勇氣，一個一個站在檯面上送別他們的老師。

　　學生站在檯面上，不只表達著對老師的敬意，更標誌著他們生命的蛻變，他們的心懷與視野已超越了校園的高牆，就如毛蟲爭脫枷鎖，破繭而出，成為美

麗的蝴蝶，振翅高飛。值得留意的，除了站在檯面上的學生，還有半班學生是默然無聲地坐在他們的位子上，包括那個出賣 Keating 的學生，他們都是識時務者，是學校要栽培的高材生，只要照著學校為他們鋪設的軌跡而行，他日定必獲得驕人的成就。或者這是事實，但我會這樣看，坐在位子上的學生將來也許會得到一定的成就，飛黃騰達，名成利就；但站在檯面上的學生才享有真正的成功，因為他們著著實實的為自己的生命活過，一生無悔，死而無憾！

#05

成功 = 目標 + 行動 + 毅力

"

第五章
成功方程式

　　我用了整整五年時間，以兼讀制的方式（即日間工作，晚間進修）完成了一個博士學位課程，你認為我成功嗎？我覺得算是成功吧。只是我覺得的成功，並非在於獲得這個博士銜頭，而是獲得這個博士銜頭的過程，當中的經歷和體會，令人畢生難忘，一生受用。誠如哲學家尼采在 < Human, all too human> 一

書中所寫：「治學能帶給我們的不是智性，而是能力。花一段時間緊密地學習一門嚴謹的學問所帶來的價值並不完全在於你得到的成果，因為你所得到的成果，和你應該知道的知識汪洋比較起來，不過只是消散無影的一滴小水珠。但在這過程中，你的能量、推理力、持久力、韌力卻可以得到增強 ⋯⋯」這個奮鬥的過程，令我領悟出一條成功方程式：

成功 = 目標 + 行動 + 毅力

誠如我在上面提到，我所定義的成功，**是享受奮鬥過程中帶來的喜樂和意義**，即是說，當我們定了目標，然後付諸行動的那一刻起，我們就開始經歷和體會成功的滋味，而朝向目標的每一足跡，就成為成功

的印記。沒錯，我是說「過程」，只要用實際行動參與，並投入在「過程」中，就已經成功，是絕對的成功，不會失敗，不會輸！

目標

　　動畫電影「靈魂奇遇記」一幕，精於鋼琴卻是平凡的中學音樂老師阿祖，幾經艱辛終於可以與其久仰的知名爵士樂手桃樂絲同台演出，經過這個夢寐以求，震撼人心的演出之後，曲終人散，阿祖問桃樂絲：「跟著下來怎樣？」桃樂絲漫不經心地回答：「明天如常回來練習。」阿祖有點失落，桃樂絲說了一個寓言：「曾經有條小魚問大魚：海洋在何處？大魚告訴小魚：你已經在海洋中。小魚堅持這並不是海洋，僅僅是水

罷了！」阿祖開始領悟，自己只將焦點放在所謂的目標上，但其實在追尋目標的過程中，很多美事美物，是自己錯過了。

定下目標是重要的，但這不應是我們單單追求的結果，畢竟，這個結果充其量算是經歷了過程之後的一點獎勵，只是剎那的光輝，轉瞬即逝。誠如一位智者所言：「人生最精彩的不是實現夢想的瞬間，而是堅持夢想的過程」。訂定目標真正的作用是為自己提供一個奮鬥的方向，讓我們更加專注。只要我們弄清楚，「目標」本身並非我們真正要得的結果，「過程」本身才是，參與其中，我們就成功了！

至於如何定一個目標，我不打算在這裡討論那個大家都耳熟能詳的 SMART Goal（Specific,

Measurable, Attainable, Realistic, with a Timescale），或 Michael Heppell 所倡議的 3P Goal（Personal, Positive, Present tense），不用太複雜了，我說的目標，就只是你的興趣和志向而已，是令你充滿熱情和感到興奮的熱望，是值得你花時間和精力去奮鬥的夢想。正如我寫這本書，是因為我很想將一些有價值和重要的訊息與大家分享，為了實現這個夢想，我就開始踏上這條「我手寫我心」之路⋯⋯

行動

行動，有人稱之為「執行力」，就是將目標或夢想付諸行動的決心和能力。縱使你有如何偉大的目標，如何壯闊的夢想，若沒有行動，亦只不過是紙上談兵，

原地踏步。人拒絕行動有許多原因：有些寄情思考，缺乏動力；有些茫無頭緒，守株待兔；有些沉迷享樂，不思進取；有些擔心改變，怨天尤人 ……，說穿了，其實是人的怠惰、怯懦、恐懼，和固執，於是用盡千方百計來逃避罷了！

「誰搬走了我的乳酪」一書中的四個主角，兩個小矮人猶豫和哈哈，與兩隻小老鼠好鼻鼠和飛腿鼠，代表著兩種截然不同的生活態度。小矮人和小老鼠在迷宮一角找到一個乳酪存量極豐富的地方，於是每日都跑到那裡享受他們的美食，日子久了，小老鼠開始留意到乳酪逐漸減少和變質，於是便穿上波鞋離開原處，趕快另覓新的乳酪；小矮人卻拒絕離開這個待了這麼久的安舒區，努力思考和分析「誰搬走了我的乳

酪」？他們只是怨天尤人，卻沒有動一根指頭去嘗試改變現況。這時，小老鼠已經又找到另一個乳酪存量豐富的據點，在那裡大快朵頤，享受著新鮮美味的乳酪，而小矮人卻原地踏步，望著所剩無幾，逐漸變壞的乳酪，坐以待斃。後來，小矮人哈哈醒悟過來，知道要實現再嚐新鮮乳酪的夢想，就要行動，於是鼓勵猶豫與他一起踏出困境，另覓新天地。可是猶豫怯於茫茫前路帶來的恐懼和不安，拒絕了哈哈。哈哈離開安舒區後，一路上都找到點點新的乳酪，他希望猶豫會追上來，於是在每段路上都留下鼓勵的字句，可惜，猶豫永遠也不會看到！

　　每個人都有自己想要的「乳酪」，但空想而沒有行動，就永遠嚐不到「乳酪」的滋味。你的「乳酪」

是甚麼？你有付出決心、勇氣和行動去獲取你的「乳酪」嗎？也許你不像小老鼠般有果斷明快的行動，也願你有小矮人哈哈的醒覺，為自己的夢想踏出重要的第一步。

消極的人會見一步，行一步；但積極的人卻會行一步，見一步。也許，這就是成功與否的關鍵。

毅力

說毅力，不期然就想起這個家喻戶曉的寓言：「愚公移山」。但真正去解讀這個寓言，充其量也只可以表達著愚公的志氣，至於他是否有決心和毅力去完成抱負，就不得而知。畢竟，出自列子「湯問」的「愚公移山」，最後的結局也非愚公真的把山移去了，而

是天帝因感其誠，命差役促成其事。

今日我們還會問，現代人移山填海，何用人手，不是機器及爆破工具足以代勞嗎？且大大節省了時間和氣力，何需談甚麼決心與毅力？不過，還有一個更重要、更值得問的問題：為甚麼要移山？人就是不肯與環境好好和諧共處，為求己利，不惜肆意破壞，結果造成今日地球各處災難性的危機，自食其果！

真正的毅力，不從戰勝環境而來，而是戰勝自己。戰勝自己就是憑決心、勇氣和意志力去駕馭自己的軟弱、無能、懦弱、膽怯和失敗。一個最無敵的人，就是一個會咬緊牙關繼續堅持下去的人，他未見到自己的目標是絕不罷休的；他是一個不倒翁，跌倒，起來；再跌倒，再起來 …… 起來比跌倒總是多一次，這就夠了！

#06

健康、熱情、方法和同伴，
猶如四驅車的四個輪胎，
助你在成功路上奔馳！

第六章
成功四驅車

　　要驅動一輛汽車,除了啟動引擎外,還需要灌注足夠的燃油;同樣地,要邁向成功,除了運用「成功方程式」外,還需要加入足夠的能量。而產生動能的,就是以下的驅動器:健康、熱情、方法和同伴,它們猶如四驅車的四個輪胎,助你在成功路上奔馳!

健康

　　大家都明白的道理，不一定是大家都注重的，健康就是其中一個常被忽視的瑰寶。請留意，我所說的是健康，而非沒有疾病；人病倒了自然會多了限制，障阻成功之路，但沒有疾病也不等於健康，健康的人容光煥發，朝氣勃勃，且充滿自信和正能量。不過，這裡所說的健康，不只身體健康，還有心理健康，以及靈性健康。

　　身體健康：我所說的身體健康就是注重營養、運動，和休息而已，本來都是老生常談，沒有甚麼特別，但真正切實付諸行動，持之而行的人，卻鳳毛麟角，少之又少。因此，我不打算在這裡跟大家討論坊間已多得不可勝數的健康知識和方法，反而我更想強調行

動與堅持之必要性。誠然，當你決心行動時，通常都會有很多引誘伴隨而來，就如迷人美食、好逸惡勞、縱情坑樂，通通都是營養、運動、休息的絆腳石。那麼，難道我們要清心寡欲，憑意志力實行苦行苦修嗎？這又不必，我們不是用志意力，乃是透過動機，產生動能，再而引發決心和行動的動力。專業運動員為爭取擠身奧運的機會，都會特別注重營養、運動和休息，這種攻克己身，叫身服我的操練，不單為了增強個人的意志力，更重要的是它源自一個強大的動機：爭取擠身奧運的機會！這個帶著熱情與興奮的夢想，就是我說的動能，有此動能，就自然會引發一股動力，驅動決心去促進一切有助達致夢想的行動。我們未必都是運動員，但各人都可以有自己追求的夢想，而實現

夢想，都需要我們有一些實際的行動去建造一個健康的身體。

心理健康：這樣說，難道患病的人就不可能實現夢想？也不一定。很多人縱使身體健康，但仍然經常出現一種病態，是從心理而來的，這些人習慣負面思維，彷彿頭上凝結了一朵揮之不去的烏雲，終日垂頭喪氣、怨聲載道，不停釋放負能量，害了自己，也苦了別人。要知道思想形成態度，同時影響情緒，而態度與情緒就會引發相應的行為。孩子做 10 題數學題做對了 9 題，你會讚賞他做對了 9 題，抑或會將注意力放在那做錯的 1 題上，抱怨他未夠盡力？若孩子做對 5 題，做錯 5 題，你會為那做對的 5 題而嘉許孩子，抑或會為那做錯的 5 題而責備孩子？若孩子只做對 1

題，做錯 9 題，你會為那做對的 1 題而支持他，抑或會為那做錯的 9 題而給他狗血淋頭？若孩子全部 10 題都做錯了，你會肯定和欣賞孩子曾經付出過的努力，抑或會氣得暴跳如雷，七竅生煙；情緒低落，怨天尤人？你如何去思想，會主宰你的態度和情緒，一個積極樂觀的人與一個消極悲觀的人的視角和胸襟很不一樣，這對人的心理健康有絕對和關鍵性的影響。也許你會問，生活迫人，環境艱難，人情冷暖，世態炎涼，人還可以如此超凡脫俗，故作灑脫嗎？當然，事實歸事實，我並沒有否認這個殘酷的現實，故意視而不見，只是我強調的，是視角，就是看事物的角度，這實際上是一種選擇，亦等同你選擇如何看半杯水的道理。

靈性健康：枝子能夠結出豐碩甜美的果子，皆因

它連於樹幹，從中吸取足夠的養份。主耶穌說：「我是葡萄樹，你們是枝子。常在我裡面的，我也常在他裡面，這人就多結果子；因為離了我，你們就不能做甚麼。」（約翰福音十五章5節）一個健康的靈命，是一個與神連結的生命，就如枝子連於葡萄樹，從中支取所需要的養份。與神連結的生命，就是通過研讀聖經，浸淫在祂話語的生命；並且透過祈禱，與祂保持溝通。就如我們吃飯和呼吸一樣，從中攝取身體所需要的營養。靈命健康的人，心底裡會有一份屬天的平安和喜樂；他之所以強壯，並非因為自己有甚麼能力，而是他能夠牢牢倚靠那位創天造地，滿有權能和大愛的神。這就是枝子連於葡萄樹的生命！

　　事實上，身體、心理、靈性是互為影響的，懂得

維護和愛惜自己身、心、靈健康的人，他就踏上成功
之路。

當「健康」這個輪胎開始轉動時，成功四驅車就
會開動。

熱情

電影「逛舞派」的主角阿花，家人經營賣豆腐的
小生意，她卻熱愛跳舞，不過在一次意外中，她弄傷
了右腳，需要三個月的時間才可復元。打了石膏，坐
在輪椅上的阿花，感到失意絕望！然而，她在宿敵面
前哭訴的一番話，卻將她對跳舞的熱情演繹得淋漓盡
致：「我每天一起床，第一件事就是想起跳舞；擠巴士，
追地鐵的時候想跳舞；切豆腐的時候想跳舞；洗臉擦

身的時候都想跳舞；看到所有反光鏡面時又想跳舞；
別人去唱 K，我就跳 K；感冒發燒到入醫院吊鹽水時，
我還在想跳舞；總之不能跳舞，我就混身不自在；如
果不能跳舞，我就不是阿花！」比阿花不相伯仲的，
是她的宿敵 Stormy，他反問阿花：「妳為跳舞，可以
去到幾盡？」然後，他展示自己那一隻接駁了斷腿的
義肢，並即場上演其非凡的獨腳舞技。值得留意的，
Stormy 這個角色，實際上是真人真事把自己的故事搬
上銀幕，飾演 Stormy 的 Tommy Guns，18 歲時因右
膝患上惡性腫瘤而需要面臨一個重大的抉擇，醫生表
示他要保存隻腳，以後就不能跳舞，要跳舞，就唯有
截肢，結果 Tommy 選擇切除右腳！後來他憑單腳舞
技，創立舞隊 ILLABILITY，巡迴多國比賽表演，衝破

自己的限制，爆發出美麗的力量。

　　熱情是驅動人前進的催化劑，一個滿載熱情的人是一個充滿動力的人，當人灌注了動力，就已經踏上成功之路。或許你會問如何可以引發熱情，其實熱情是無需要引發的，只要你投入自己喜歡、感覺興奮、有意義的事情中，你的熱情就會悠然而生，就好像阿花和 Tommy 一樣。

　　當「健康」和「熱情」這兩個輪胎同時轉動時，成功四驅車就會加速前進。

方法

　　我很不甘心學了幾十年英文，竟然未能講到一口流利的英語！我一直埋怨自己天資愚笨，能力不逮，

直至我遇上一位外籍英語老師，才猛然發覺原來幾十年來所經受的英語教育 — 老師大班授課，疲於追趕課程進度；學生死記爛背，不停應付測驗考試 — 不但無法有效提升學生的英語水平，反而扼殺學生的學習興趣，徒添學生的挫敗感！我跟隨外籍老師使用順應學習本能的方法學英語學了六個月，雖然未能說突飛猛進，但聽講能力著實進步不少。事實說明，錯用無效的方法，只會徒勞無功；用對有效的方法，就會事半功倍。

Jim Collinc 的　鉅　著「∧ 到 ∧+」（Good to Great）提出其中一個趨向卓越的重要原則，稱為「刺蝟原則」，他以狐狸與刺蝟的對比作了一個比喻：狐狸非常狡猾，每天攪盡腦汁，想盡各種方法嘗試要吃

掉刺蝟；但刺蝟卻一點都不害怕，因為不論狐狸有多少方法，牠只要遇到危險時把全身的刺伸出去，狐狸就無計可施了。刺蝟之所以成功，是因為牠只專注一件事，而這件事正是牠的優勢所在。由此推論，專注一件自己興趣、熱情和優勢所在的事情上，再配合適當的方法，對實現自己的夢想大有幫助。

當「健康」、「熱情」和「方法」這三個輪胎同時轉動時，成功四驅車就會奔馳。

同伴

1992 年巴塞隆拿奧運會中，英國短跑運動員 Derek Redmond 在 400 公尺賽跑中被視為奪金大熱人選，當起跑槍鳴響，他敏捷地從起跑線彈出，氣勢

凌厲，怎料跑到 150 公尺時他突然感到一陣劇痛，原
來大腿在一瞬間拉傷了，他痛苦地按著患處蹲了下來，
醫護人員隨即上前施予援助，然而 Derek 不肯放棄比
賽，堅持要繼續未跑完的路程，於是起來一步一跳地
向著終點前進，突然有一個人突破了工作人員的阻止，
跑到 Derek 身邊，將他的手放在自己的肩膊上，那是
Derek 的父親，「兒子，你不需要這樣……」「爸爸，
我要完成它！」「好吧！就讓我們一起來完成比賽！」
於是父親伴著兒子一起繼續向著終點前進，快到終點
線前，Derek 的父親讓他一個人完成比賽。Derek 在
那場賽事沒有機會領取獎牌，卻贏得全場超過六萬
五千名觀眾起立為他鼓掌歡呼，同時獲得全球無數在
螢光幕前的觀眾所注視！是的，只要不放棄，就永遠

不會失敗。然而，令人動容的，不只因為 Derek 有堅毅不屈的體育精神，同時因為他父親的陪伴與支持，成為他最終完成目標的力量。

分享的喜樂是加倍的，分擔的重擔是輕省的！願你有可以與你分享喜樂，分擔重擔的同伴，成為你人生旅程中的同行者，為你灌注能量，加油和打氣！即或沒有，也希望你知道，你仍然可以倚靠那位對你不離不棄的天父，祂昔日對約書亞的叮嚀和應許，今日透過聖經同樣向你說話：「你當剛強壯膽，不要懼怕，也不要驚惶，因為你無論往哪裡去，耶和華你的神必與你同在。」（約書亞記 一章 9 節）有神作你的同伴和倚靠，祂就成為你的力量，你又怎會失敗？

當「健康」、「熱情」、「方法」和「同伴」這四個輪胎同時轉動時，成功四驅車就會飛奔。

#07

將你喜愛的事情轉變為自己擅長的事情，就是你為自己所要定的最好目標。

第七章
真正的幸福

一個成功的人就是一個幸福的人，同樣地，一個幸福的人就是一個成功的人。一個真正擁有幸福的人，都同時盛載著三種人生：快樂人生、美好人生和有意義人生。當然，我們可以就著這三種人生有無限的演繹，而我在這裡所分享的，是關乎你的夢想與抱負。

快樂人生 （Happy Life）

快樂的人生就是發掘自己的長處和喜愛的事情，能夠發掘自己的長處和喜愛的事情，就感覺開心（Joyfulness），自然會快樂。

美好人生 （Good Life）

美好的人生就是努力做自己擅長和喜愛的事情，能夠做自己擅長和喜愛的事情，就感到滿意（Satisfaction），當然是美好。

有意義人生 （Meaningful Life）

有意義的人生就是用自己擅長和喜愛的事情去幫

助別人，能夠用自己擅長和喜愛的事情去幫助別人，就感到滿足（Fulfilment），當然充滿意義。

　　將你喜愛的事情轉變為自己擅長的事情，就是你為自己所要定的最好目標。若你認同真正的成功其實是享受奮鬥過程中帶來的喜樂和意義，你參與並投入其中，就已經踏上成功之路，一路上，你會感到艱辛，但仍然快樂；遇到挫折，但仍然美好；不慎跌倒，但仍有意義；縱使錯了，也錯得好！

作者簡介

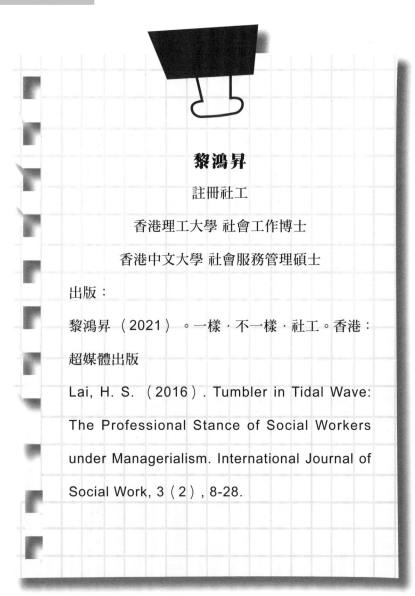

黎鴻昇

註冊社工

香港理工大學 社會工作博士

香港中文大學 社會服務管理碩士

出版：

黎鴻昇（2021）。一樣・不一樣・社工。香港：超媒體出版

Lai, H. S.（2016）. Tumbler in Tidal Wave: The Professional Stance of Social Workers under Managerialism. International Journal of Social Work, 3（2）, 8-28.

社工不只是一份工！

作者走了三十多年的社工路，對社工專業依然充滿使命感和承擔感。

他不肯在社工路上隨波逐流——寧可脫去面具，誠實面對自己，堅持追尋自己的理想。

本書內載二十篇簡明易讀的短文，是作者從多年工作經驗裡和學習體會中的反思。這些反思對今日的社會工作是重要的，因為當中所觸及的，都是社會工作的核心部份：社會工作的價值和使命。

作　　　　　者	黎鴻昇
書　　　　　名	錯得好
出　　　　　版	超媒體出版有限公司
地　　　　　址	荃灣柴灣角街 34-36 號萬達來工業中心 21 樓 02 室
出版計劃查詢	（852）3596 4296
電　　　　　郵	info@easy-publish.org
網　　　　　址	http://www.easy-publish.org
香 港 總 經 銷	聯合新零售（香港）有限公司
出 版 日 期	2021 年 10 月
圖 書 分 類	心靈勵志
國 際 書 號	978-988-8778-25-6
定　　　　　價	HK$68

Printed and Published in Hong Kong

如發現本書有釘裝錯漏問題，請攜同書刊親臨本公司服務部更換。